Irene Schwonek

HO'OPONOPONO

Das letzte Geheimnis

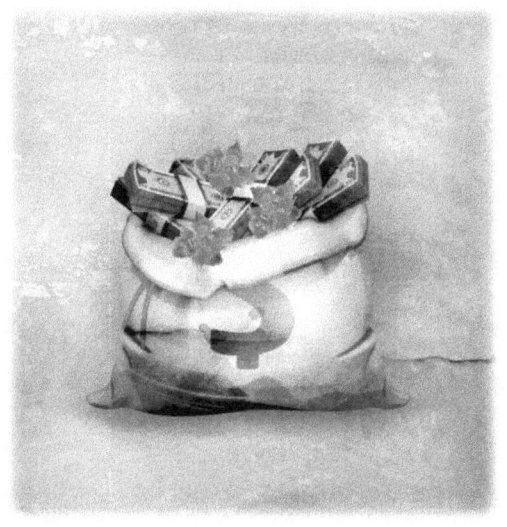

Volume II

Das Wesen des Geldes

Ho'oponopono – Das letzte Geheimnis

Das Wesen des Geldes

Volume II

Irene Schwonek

1. Auflage

ISBN 978-3-00-049839-8

Korrektorat: Lektorat: Paula Matos, www.online-lektorat24.de
Umschlaggestaltung: Irene Schwonek
Fotomaterial: Depositphotos.com
© 2015 by Irene Schwonek
www.irene-schwonek.de

Das Werk ist einschließlich aller seiner Teile urheberrechtlich geschützt. Jede Verwendung und Vervielfältigung des Werkes ist ohne Zustimmung der Autorin unzulässig und strafbar. Alle Rechte, auch die des auszugsweisen Nachdrucks und der Übersetzung, sind vorbehalten! Ohne ausdrückliche schriftliche Erlaubnis der Autorin darf das Werk, auch Teile daraus, weder reproduziert, übertragen noch kopiert werden, wie zum Beispiel manuell oder mithilfe elektronischer und mechanischer Systeme inklusive Fotokopieren, Bandaufzeichnungen und Datenspeicherung.
Zuwiderhandlung verpflichtet zu Schadenersatz.

Die in diesem Werk erwähnte Methode dient ausschließlich zur Stressreduzierung, zum Erkennen des wahren Wesens, zur Wiederherstellung von Harmonie, Lebensfreude, Lebenskraft und zur Stärkung der Selbsthilfekraft.

INHALTSVERZEICHNIS

Vorwort	7
Und plötzlich war der Mangel weg	10
Der Ursprung	11
Das Mysterium des Geldes	17
Die Wahl der Dankbarkeit	23
Identitäten	31
Die Korrektur	37
Zufriedenheit	41
Hand in Hand mit dem Geld – Geld lebt!	51
Die göttliche Kraft in Münzen und Scheinen	59
Quellennachweise	69

Das Wesen des Geldes

> Und plötzlich war der Mangel,
> der mich mein Leben lang
> begleitete, weg!

An allen Ecken und Enden hat es gemangelt. Wurde ein Loch gestopft, tat sich ein nächstes auf. Es schien, als steckte eine ganz bestimmte Matrix dahinter, die sich unter gar keinen Umständen verändern lassen wollte: meine Mangel-Matrix! Ich habe sie schon als Kind kennengelernt, als auf unseren Möbeln der „Kuckuck" klebte. Meine gesamte Familie war in ihr gefangen. So sehr wir uns auch mühten, landeten wir dennoch in der Insolvenz, verloren Familienmitglieder, wurden geschieden oder starben an Krebs! (Den Themen Gesundheit und Partnerschaft/Ehe möchte ich eine extra Ausgabe widmen.) Der Gedanke, dass meine Kinder und mögliche Enkelkinder in dieser Matrix weiterleben müssen, schmerzte sehr und trieb mich an, alles zu unternehmen, um sie aufzulösen.

Keine leichte Aufgabe, alle „insolventen" Erinnerungen meiner Familie, Verwandtschaft und Ahnen in mir zu löschen. Die Erfahrung kostete mich viel, das gebe ich zu, aber es hat sich bewährt, denn wenn etwas nicht mehr in mir drin ist, kann es nicht mehr angezogen werden. Gesetz der Anziehungskraft! (GdA)

Dieses Gesetz kennt keine Gnade und lässt sich nicht beirren. In jedem Moment zeigt es uns, wer wir wirklich sind. Frage: Wer sind wir eigentlich? Warum sind wir hier und warum haben wir so viele Probleme mit dem Geld?

Der Ursprung

Unsere Beziehung zum Geld ist wahrlich eine besondere. Um ihren Sinn und den Sinn all unserer Beziehungen einfangen zu können, müssen wir an den Ursprung zurück.

Was ist der Ursprung? Es ist der erste Gedanke, das erste Gefühl, die erste Tat. Es ist der Moment unserer ersten „Schöpfung" und das damit einhergehende Auslösen einer Kausalkette nach dem universellen Gesetz von Ursache und Wirkung. Vielleicht hat es sogar einen Moment vor diesem Moment gegeben? Es ist wie bei der Henne und dem Ei: Was war zuerst da? Der Gedanke oder das Unterbewusstsein? In „Das letzte Geheimnis, Volume I" steht, dass alles mit unserem ersten Gedanken, unserer ersten Schöpfung, unserer ersten abgespeicherten Erinnerung beginnt. Wenn wir heute Probleme in unseren Beziehungen haben, liegt das an unseren ur-eigenen Erinnerungen, die sich wahlweise über unsere Gesellschaft, unsere Partnerschaft (privat oder beruflich), unsere Familie, unseren Körper oder über unser Geld zeigen. Es beginnt und endet mit diesen Erinnerungen. Nur sie sind der Grund, dass wir überhaupt zu irgendetwas eine Beziehung haben.

Definieren wir den Begriff „Beziehung". Mit Ho'oponopono erfahren wir, dass wir zu allem, was existiert, eine Beziehung haben, sei es in sichtbarer oder in unsichtbarer Form. Welche Gefühle und Erinnerungen bilden das Fundament unserer Beziehungen zu Geld? Alle! Alle Erinnerungen, die wir jemals (Ursprung) mit Geld gemacht haben, führen zur **Erfahrung**, die wir heute mit Geld machen. Es gilt für **jede** unserer Beziehungen. Auch wenn wir uns an nichts erinnern, haben wir trotzdem die Verantwortung für diese Erinnerungen. Wie bereits erwähnt, wird nichts in diesem Universum vergessen.

Wenn wir etwas in unseren Beziehungen ändern möchten, kommen wir nicht umhin, den Erinnerungen unsere gesamte Aufmerksamkeit zu schenken, um sie in Dankbarkeit und Liebe über die Vergebung zu befreien.

Wir müssen also um Vergebung bitten: unseren Partner, unseren Körper, unsere Familie, unser Geld… es reicht bereits der Gedanke. Ein Gedanke der Vergebung verfehlt sein Ziel nie.

Doch warum sollen wir um Vergebung bitten? Was haben wir dem Partner, dem Körper, dem Geld denn angetan? Wir sind doch nicht am Leid der ganzen Welt schuld!

Nein! Sind wir nicht! Um Schuld geht es nicht - der Gedanke „Schuld" führt uns nur weiter ins Chaos. Es geht nur um Verantwortung. Verantwortung für unsere erste Schöpfung und für das, was aus der Welt geworden ist, auch und gerade dann, wenn unser Verstand der Meinung ist, nichts damit zu tun zu haben!

Wer Ho'oponopono anwendet, übernimmt Verantwortung für sich, seine innere und äußere Familie, seine Verwandtschaft, seine Ahnen UND für ALLE Familien, die sich zeigen, inklusive ALLER dazugehörigen Belange. Wer sich an dieser Stelle bereits überfordert fühlt, weil er denkt, er müsse die Verantwortung für alle finanziellen Probleme dieser Welt übernehmen, dem sei versichert, dass die Überforderung auch nur eine Erinnerung ist, die befreit werden kann.

Verantwortung für sich selbst übernehmen reicht vollkommen aus, dann können ALLE davon profitieren.

Verantwortung übernehmen tut nicht weh und kostet keinen Cent – es **befreit.** Verantwortung übernehmen bedeutet, den Weg zur Lösung der Probleme frei zu machen. Es spielt keine Rolle, welches Problem gerade die Nase vorn hat, nur die Verantwortung spielt eine Rolle, denn sie führt zur Vergebung.

$$\text{Verantwortung} = \text{Vergebung}$$
$$\text{Vergebung} = \text{Befreiung}$$

Wenn wir akzeptieren können, dass wir ohne Verantwortung zu keiner Lösung kommen, sind wir schon einen großen Schritt weiter. Der nächste Schritt ist die Vergebung. Sehr viele von uns tragen Schmerz und Wut in sich und schaffen es meist nicht, derjenigen Person zu vergeben, die den Schmerz und die Wut verursacht hat. Wir sehen keinen Sinn darin, jemanden etwas zu vergeben, was nichts als Leid gebracht hat. Die andere Person hat unser Leben zerstört. Die Wut darüber ist groß genug, jeden Ansatz der Vergebung zunichte zu machen. Und doch ist es die einzige Chance, sich von Schmerz und Wut zu befreien. Ohne Vergebung bleiben wir in diesen Gefühlen gefangen. Ohne Vergebung leidet der Schmerz in jeder einzelnen Zelle weiter, die dann von der Wut aufgefressen wird!

Wenn wir der Person, die uns verletzt und erniedrigt hat, nicht vergeben, schaden wir nicht der Person, sondern uns selbst. Die Person mag längst über alle Berge sein, doch was sie zurückgelassen hat, bleibt und zieht noch mehr Schmerz und Wut an – GdA!

Wenn wir wirklich nicht mehr können, nur noch krank sind, unglücklich, miese Laune haben oder uns gar selbst hassen, und wenn der Verstand auch nicht mehr weiß, was er tun soll, hilft es, zu vergeben. Die Vergebung ist der einzige Weg, uns von Schmerz und Wut zu be**frei**en. Der Versuch ist es immer wert.

Der Weg über die Vergebung bedeutet Freiheit. Befreiung von allen Erinnerungen, die zu Schmerz und Wut geführt haben. Es ist der Weg, der uns zu uns selbst beziehungsweise zu unserem SELBST führt – weg vom Außen. Wir kommen nicht umhin, diesen Weg **mit uns selbst** und **in uns selbst** zu gehen. Es gibt niemanden, der ihn für uns gehen kann. Es gibt niemanden, der uns die Probleme abnehmen oder für Erleichterung sorgen kann, denn niemand hat die Kraft, die dafür nötig ist. Nur wir alleine besitzen diese Kraft! Wir können uns die Zeit sparen, in der wir nach Hilfe Ausschau halten, denn „suchen" und „finden" führt uns in die Zukunft und die gibt es nicht. Wir haben nur uns und nur diesen einen Moment. Wir würden es lieber anders sehen, aber es gibt wirklich keinen Weg, der uns herausführt, es gibt nur den einen Weg zurück in unser Inneres.

Wenn wir auch das akzeptieren können, gehen wir den Weg der Vergebung, den Weg zur Freiheit, in hundertprozentiger Verantwortung für alles, was in uns ist (seit Ursprung) und in wachsender Erkenntnis darüber, wer wir <u>wirklich</u> sind.

Mit dieser Akzeptanz und der hundertprozentigen

Verantwortung buchen wir eine *Reise*. Wir kennen das Ziel, aber nicht die Route. Ganz sicher wird es keine Pauschalreise. Es wird eine Entdeckungstour voller Überraschungen und spannender Abenteuer, denn es gibt keinen Reiseplan. Pläne schmiedet nur der Verstand und der ist mit seinen manipulativen Irrwegen auf dieser Reise nicht erwünscht. Er hat eine andere Aufgabe. Er ist für die wichtige Entscheidung zuständig, entweder alles so zu lassen, wie es ist (bedeutet, sich den Problemen hinzugeben und ein Arrangement zu finden, auch wenn sie noch so schmerzhaft sind), oder zu **vergeben** (bedeutet, die Reise des Lebens zu nutzen, um alle karmischen Verstrickungen aufzulösen).

Ist die Entscheidung für die „Reise zur Freiheit" gefallen, führt uns der Weg natürlich auch ins Mysterium des Geldes. Wagen wir einen Blick ins Verborgene ...

DAS MYSTERIUM
DES GELDES

Geld regiert die Welt, heißt es. Geld beherrscht unser Leben. Es entscheidet über Glück und Unglück, über Leben und Tod. Alles dreht sich nur ums Geld. Je mehr Geld, desto mehr Macht! Weil das offensichtlich so ist, muss Gott schon vor ganz langer Zeit seine Koffer gepackt und dem Geld sein Zepter übergeben haben. Die Auswirkungen können wir täglich an den „gottlosen Aktionen" erkennen, die uns die Nachrichten vor Augen halten. Wenn Gott doch bloß wieder zurückkäme! Dann gäbe es keine Waffenindustrie, keine Drogenimperien, keine korrupten Politiker, keine Armut und keine gesundheits- und umweltzerstörenden Organisationen mehr. Was haben wir Menschen bloß mit dem Geld erschaffen! Unvorstellbar, wenn Gott wieder zurückkäme und sich nur noch alles um Gott drehte: Je mehr Gott, desto mehr Gottesmacht! Was würden wir dann bloß alles mit dem Geld erschaffen?! Doch noch sind wir Menschen an Arroganz und Ignoranz nicht zu überbieten. Solange wir Gott und dem Geld die Schuld an der katastrophalen Situation in die Schuhe schieben, wird sich nichts ändern, beziehungsweise wird alles noch katastrophaler werden.

Die gute Nachricht ist: Gott hat uns nicht verlassen! Gott würde sich nur wünschen, dass wir uns dessen bewusst werden. Das können wir, indem wir mit der Schuldverteilung aufhören und die Verantwortung übernehmen und zwar für ALLES.

„Vergelt's Gott"

Der Begriff *Geld* stammt aus dem althochdeutschen „*gelt*", was Vergeltung (Zahlung, Lohn, Vergütung, Wert) bedeutet. „Vergelt's Gott", hat meine Oma immer gesagt. Sie dankte Gott für das, was sie (indirekt von *ihm*) erhalten hat. Mit dem „Vergelt's Gott" und dem erwidernden „Gott segne es" wurde der Austausch ab*gesegnet*.

> *„Vergelt's Gott!" sagt aa d' Muatter laut,*
> *„Vergelte Gott!" jedes Kind,*
> *Und jed's „Vergelt's Gott", ohne Frag,*
> *Sein Weg zum Herrgott find.*
> Max Hofmann

Wir sagen „Danke" und unser Gegenüber entgegnet ein „Bitte". Gerne wurde etwas gegeben, gerne wurde etwas angenommen. In diesem Austausch liegt Schöpferkraft („vergelte es Gott"; „was Gott gilt", „Gott segne es"). Die Kraft, die von „Danke" zu „Bitte" reicht, ist unermesslich! Der Vorgang des ehrlichen Gebens und Annehmens öffnet unser Herz, das geheimnisvolle Tor zu unserem SELBST. Ein herzliches „Danke" füllt unsere Zellen mit Lebensenergie, der Energie, von der wir wahrlich niemals zu viel bekommen könnten. Und es ist so einfach, diese Energiequelle sprudeln zu lassen, weil wir immer etwas finden werden, für das wir aufrichtig dankbar sein können, auch in der aussichtslosesten Situation.

Doch wir halten lieber Ausschau nach einem Lebensstil, nach Dingen, die wir vermeintlich brauchen, deren Errungenschaft uns aber im Herzen nicht oder nur scheinbar berührt. Wir missbrauchen das Geld und unser Herz geht leer aus. Wir blockieren die Lebensenergie und weisen unsere wahre Schöpferkraft zurück. Der Wert des Geldes hat nichts mehr mit aufrichtiger Geltung zu tun, sondern nur damit, was WIR gelten, was WIR haben, was WIR wollen…

>Wir ver*gelten* jeden Moment unseres Lebens.
>Jeder Moment *gilt*,
>denn jeder Moment ist *gesegnet*.

Alles, was wir im Moment denken, fühlen oder tun, gilt. Füllen wir diesen Moment mit Dankbarkeit, wird der darauffolgende Moment von Dankbarkeit erfüllt sein. Mit jedem Atemzug erhalten wir eine neue Gelegenheit, dankbar zu sein. Doch sind wir von dieser Gelegenheit, nicht überzeugt und können ihr nichts Vorteilhaftes abgewinnen (sind undankbar). Wir ignorieren den einzigen Moment, den wir haben, und schieben alles, was uns jetzt fehlt oder nicht gefällt, in eine vom Verstand frei erfundene „bessere" Zukunft. Was tun wir wirklich? Wir schieben das, was uns nicht gefällt und was wir loswerden möchten, im einzigen Moment des JETZT herum und wundern uns, warum es mit der Zukunft nicht klappt (wieder undankbar). Das wird es nie, und solange wir uns dessen nicht bewusst sind, geben wir der Vergangenheit die Schuld (erneut undankbar). Doch auch die Vergangenheit existiert nur im Moment des JETZT – als Erinnerung!

„Es gibt nur zwei Tage im Jahr, an denen nichts getan werden kann. Der eine wird ‚Gestern' genannt und den anderen nennt man ‚Morgen'. Somit ist heute der richtige Tag zu lieben, glauben, handeln und vor allem, zu leben."

Dalai Lama

Das Wesen des Geldes

DIE WAHL DER DANKBARKEIT

Dankbarkeit ist ein Akt der Liebe

Der amerikanische Neurophysiologe Benjamin Libet[i] hat unumstritten bewiesen, dass unser Gehirn zirka eine halbe bis eine Sekunde benötigt, bis wir uns zu einer Handlung entschließen, und diese durch ein elektrisches Signal indiziert. Es benötigt diese Zeit, um die ankommenden Informationen (11 Mio. pro Sekunde) nach seinen festgelegten Algorithmen auszusortieren. Das bedeutet: Bevor wir die Entscheidung treffen, unser Jetzt mit Dankbarkeit zu füllen, hat sich bereits (seit mindestens einer halben Sekunde) etwas ereignet. Etwas anderes hat „längst" agiert. Wer oder was ist dieses *etwas andere*? Wer, wenn nicht unser Verstand, trifft eine Entscheidung, über die wir uns nicht gewahr sind? Unser **Unterbewusstsein**!

Wir bekommen von unserem Unterbewusstsein gesagt, was zu tun ist, werden dabei aber im Glauben gelassen, unser Verstand hätte die Entscheidung getroffen. Natürlich sind wir auch zu sehr schnellen Handlungen fähig, die wir vorab erlernt und in unser Unterbewusstsein einprogrammiert haben, um sie im Bedarfsfall sofort abzurufen, doch die Wahl der Dankbarkeit erfordert kein Abrufprogramm und wurde deshalb nicht vom Verstand vorab einprogrammiert.

Libets Erkenntnis führt zu folgender Schlussfolgerung: Wenn unser Unterbewusstsein entscheidet, was zu tun ist, dann können wir (Verstand) gar keine *bewusste* Wahl treffen! Da stellt sich doch die Frage nach der Wahl zwischen Dank und Undank. Wie sollen wir das JETZT mit Dankbarkeit und Liebe füllen, wenn wir Libets Erkenntnissen zufolge gar keine Wahl haben? Sprich: wenn das Unterbewusstsein schon eine Entscheidung getroffen hat – eine Entscheidung auf Basis seiner abgespeicherten, **alten** (undankbaren) Erinnerungen!?

Die Antwort ist das Beste: Wir müssen es nicht, denn Dankbarkeit ist bereits in uns vorinstalliert! Dankbarkeit ist Bestandteil der Liebe und Liebe ist der *Stoff*, aus dem wir gemacht sind. Dankbarkeit = Liebe. Wir müssen uns weder für Dankbarkeit noch für Liebe entscheiden, auch müssen wir nicht danach suchen, denn wir SIND es bereits!

Was wir aber müssen ist die Balance wiederherstellen. Die Balance zwischen Unterbewusstsein, Bewusstsein und Überbewusstsein (Kind-Aspekt, Mutter-Aspekt und Vater-Aspekt). Mit unserem von negativen Erinnerungen überlasteten Unterbewusstsein sind wir von dieser Balance megaweit entfernt. Wenn wir uns nicht nach Liebe oder Dankbarkeit fühlen, weder lieben können noch geliebt werden, dann liegt das nicht an dem Fehlen von Liebe oder an der Wahl, die wir nicht haben, sondern an den *Schmutzpartikeln* im Unterbewusstsein (Erinnerungen), welche die **Liebe verunreinigen**.

Dankbarkeit = Liebe
und in der Reinheit des Momentes enthalten

Undankbarkeit = Abneigung
und ein Partikel, der die Reinheit des Momentes verschmutzt

Wenn Verschmutzung und Unordnung im System herrschen, dann gibt es nur einen Weg, wieder alles in Ordnung zu bringen: Aufräumen! Wenn unser wahres Sein, unsere Liebe, und alles, was Liebe hervorbringt, verunreinigt wurde, dann müssen wir die Verantwortung übernehmen und wieder für Reinheit sorgen. Anders geht es nicht. Wenn WIR nicht für Ordnung sorgen, tut es niemand!

Undankbarkeit ist ein Akt der Ablehnung

Wir nehmen Monat für Monat unsere Gehaltsabrechnung entgegen und sind der Meinung, wir müssten mehr verdienen. Wie wir gelernt haben, *gilt* derjenige, der mehr *vergütet* bekommt, mehr als derjenige, der wenig *vergütet* bekommt. Statt „Danke" zu sagen, sagen wir „Es ist zu wenig": Das ist nicht nur ein undankbares Verhalten, sondern auch ein Akt der Verachtung und Ablehnung. Der Undank richtet sich zwar augenscheinlich an denjenigen, der uns entlohnt – der, nebenbei bemerkt, unseren Lohn für angemessen hält –, doch in Wirklichkeit richten wir uns selbst. Statt unseren Selbstwert zu nähren, nähren wir unseren Unwert.

Wir verachten den Arbeitgeber, das Arbeitsfeld und unser Verhalten im eigenen Spiegel und beziehen jeden mit ein, der mit uns und unserer Entlohnung zu tun hat. Wir jammern, weil wir uns für den falschen Arbeitgeber verplempern, sind unzufrieden und hoffen auf die ultimative Eingebung, den Lottogewinn oder den Mut, demjenigen Adieu sagen zu können, der uns nicht verdient hat. Fazit: Wir stecken fest, und zwar auf allen Ebenen unseres einzigen Momentes: in der Vergangenheit, der Gegenwart und der Zukunft! Was soll die ganze Undankbarkeit? Undankbarkeit ist die Ursache alter *„undankbarer"* Erinnerungen aus dem Unterbewusstsein, für die wir **verantwortlich** sind.

Über das Unterbewusstsein müssen wir eines wissen: Alles, was es veräußert, kommt nach dem Gesetz der Anziehung zurück. Dieser Vorgang läuft absolut neutral ab, denn das Unterbewusstsein erkennt den Unterschied zwischen einer *dankbaren* und einer *undankbaren* Erinnerung nicht. Es lässt alles raus, was gerade zur Verfügung steht. Wir können es im Außen sehen – im eigenen Spiegel, einem Bild aus Abermillionen Bildteilchen. Wohin wir auch sehen, strahlt uns unser eigenes Werk an, perfekt von unserem Verstand (Bewusstsein; Mutter-Aspekt) erschaffen, der in jedem einzelnen Moment unbeschwert alle Informationen aus unserem riesengroßen Datenspeicher (Unterbewusstsein; Kind-Aspekt) abgreifen kann, die er für den Bildaufbau benötigt: Informationen über Schönheit, Glück und Freude, über Hässlichkeit, Schmerz und über Leid. Informationen in Hülle und Fülle, die er letztendlich gar nicht versteht.

Unsere Wahrnehmung im Außen ist eine Irreführung unseres Verstandes. Sie ist eine Illusion, denn sie zeigt nur das, was unser Verstand als sinnvoll erachtet. Eine Illusion, die Gefühle äußert. Gefühle, die sofort wieder verinnerlicht (abgespeichert) werden. Dieser Kreislauf wiederholt sich bereits seit Äonen – seit Anbeginn der Schöpfung – seit „Henne oder Ei".

Es kommt also alles zu uns zurück. Immer! Und immer zu gegebener Zeit. Das kann heute, morgen, übermorgen oder in hundert Millionen Jahren sein ... Auch Zeit ist etwas, das unser Unterbewusstsein nicht kennt. Die einzige Berechtigung, welche die Zeit hat, ist die, die ihr unser Verstand zuordnet. Würde er das nicht tun, könnten wir in materieller Form nicht existieren und es gäbe keine Begründung für unsere Existenz. Die Zeit ist unser einziger Maßstab! Wie erwähnt, gibt es nur einen einzigen Moment: den Moment im Jetzt, ohne Maßstab, ohne mathematische Gesetze, ohne Messung. Er ist weder zu berechnen noch kann er aufgeteilt werden. Er ist hohl, er ist leer, er ist reines Nichts. Wie könnten wir das Nichts messen!? Wenn wir denken, diesen Moment zu erhaschen, haben wir ihn bereits verpasst. Der Moment der Reinheit und des Nichts ist immer schneller als ein noch so schneller Gedanke.

So gibt es nur einen wichtigen Ort und eine wichtige Zeit in unserer Realität: das Hier und Jetzt! Es ist der Ort und die Zeit, wo alles beginnt – ausnahmslos. An keinem anderen Ort und zu keiner anderen Zeit wird das, was wir sind, das, was wir denken, und das, was wir erleben, erschaffen, und zwar auf Basis unserer Erinnerungen! Somit gibt es auch nur einen einzigen Job, um den wir uns in unserer (beschränkten) Realität kümmern sollten: um das Aufräumen im **Unterbewusstsein**.

Der Job
Es waren einmal vier Personen namens
Jeder, Jemand, Jedermann und Niemand.
Es gab einen wichtigen Job zu erledigen und Jedermann
war sich sicher, Jemand würde ihn erledigen.
Jeder hätte den Job ausführen können, aber Niemand tat es.
Jemand wurde ärgerlich darüber, weil Jedermann ihn hätte erledigen können.
Jedermann dachte, dass Jeder es tun könnte, und Niemand realisierte, dass Jedermann es nicht tat.
Es endete damit, dass Jeder Jemand beschuldigte, weil Niemand das tat, was Jeder hätte tun können.

(Übersetzt aus dem Englischen.
Autor unbekannt)

Wir müssen uns auf die Reinhaltung dieses einen Ortes konzentrieren. So wie wir die „Schmutzpartikel" im Außen wahrnehmen, ist es geschehen. So wie wir im Außen etwas sehen, ist unser Werk vollbracht!

Wir sind wie ein Magnet und ziehen alles an, was zu uns gehört. Wenn wir von etwas nicht angezogen werden, ist es nicht in uns abgespeichert.

Dank und Undank, Fülle und Mangel, Frieden und Unfrieden, Liebe und Hass ... können wir nur wahrnehmen, weil es in uns steckt und in Abermillionen Formen, auf unzähligen Wegen, in unbegrenzter Art und Weise von unserem Verstand veröffentlicht wurde.

Wenn wir beispielsweise Mangel erfahren, dann deshalb, weil unsere Fülle, die zur Reinheit der Liebe gehört und ebenso fest in uns installiert ist, mit *verunreinigten* Erinnerungen belastet ist. Wenn wir unseren Job wirklich ernst nehmen, dann übernehmen wir sofort die Verantwortung und sorgen dafür, dass die Fülle von diesen Erinnerungen befreit wird! Was sonst sind Liebe und Fülle wert, wenn sich NIEMAND um sie kümmert?!

IDENTITÄTEN

Mit Ho'oponopono lernen wir, dass alles eine eigene Identität mit eigener Bestimmung und Weisheit hat. Alles: Jeder Mensch, jedes Tier, jede Pflanze, jedes Atom, jedes Molekül – jedes Sein unserer existierenden Realität hat eine eigene Identität, bestehend aus

> Unterbewusstsein,
> Bewusstsein,
> Überbewusstsein und
> reinem Bewusstsein,

somit auch die Fülle. Wenn die Identität der Fülle von *verschmutzten* Erinnerungen belastet ist, kann sie ihre Bestimmung nicht ausleben und fühlt sich eingeengt. Sie möchte sich zeigen und das in jeglicher Form: in Geldscheinen wie in ertragreicher Ernte. Wenn wir unseren Job nicht übernehmen und im Unterbewusstsein aufräumen, kann sich die Fülle nicht zeigen. Das Gleiche gilt für die Identität des Geldes.

Geld ist unsere Lebensquelle. Geld ist Teil der Kette und mit Dankbarkeit, Glück, Freude, Leichtigkeit und allen Teilen verbunden, die zur Liebe gehören. Geld nimmt jeden beliebigen Zustand an: fest und sichtbar, molekular, atomar, (subatomar, elementar) und unsichtbar, ... und alles im einzigen Augenblick.

Beamen wir uns in den Mikrokosmos und zerlegen einen 500-Euro-Geldschein in seine unsichtbare Grundstruktur, und den Tisch, auf dem der Geldschein liegt, ebenfalls, so stellt sich die Frage, wer oder was macht alles sichtbar? Wer oder was formt aus diesem „Nichts" den Tisch? Wer oder was formt das Stück Papier? Und: Wer oder was macht dieses Stück Papier zu einem wertvollen Stück Papier? WIR tun es! Mit Gedanken!

Wie bereits erwähnt, beginnt alles mit einem Gedanken – mit einer abgespeicherten Erinnerung. Wenn wir an beschriebenem Tisch sitzen und jenen Geldschein auf den Tisch legen, dann deshalb, weil es zu dieser Aktion einen archivierten Datensatz beziehungsweise eine Erinnerung im Unterbewusstsein gibt. Wir sind es, die die Dinge, die wir sehen, mithilfe des Bewusstseins aufgrund eines Gedankens formen.

Wir herrschen mit unseren Gedanken über alles, und selbstverständlich auch über die Identität des Geldes! Wenn wir viele Gedanken abgespeichert haben, die aus der Information *Mangel* bestehen, formt unser Bewusstsein Mangel im Außen (Spiegel). Er wird unübersehbar sein. Haben wir viele Gedanken und Daten abgespeichert mit der Information *Fülle*, dann formt unser Bewusstsein Fülle im Außen, auch sie wird unübersehbar sein. Wie ebenfalls zuvor erwähnt, können wir nur das sehen, was in uns abgespeichert ist und von unserem Unterbewusstsein veräußert wurde. Das Unterbewusstsein lässt heraus und lässt herein – ohne Wertung und ohne Ausnahme! Wir sind es (unser Bewusstsein/Verstand), die sofort alles bewerten – ohne Ausnahme!

Wenn unser Verstand das Urteil „Mangel ist schlecht" fällt, dann kommt nicht nur das *mangelhafte* Spiegelbild zu uns zurück, sondern daran angehängt auch das Gefühl der Sorge, der Traurigkeit, der Wut und der Angst, bis hin zur Verzweiflung. Schnell ist der Fokus auf Mangel ausgerichtet und wird sich so lange spiegeln, bis JEMAND die Verantwortung übernimmt und alles in Ordnung bringt.

Aber WIE? Wo sollen wir anfangen? Mit Worten, Gedanken und Gefühlen! Denn Worte, Gedanken und Gefühle (z. B. des Geldmangels) haben das Chaos angerichtet. Um den Kreislauf zu stoppen, braucht es Worte, Gedanken und Gefühle der **Vergebung**. Im Ho'oponopono denken, sagen oder fühlen wir beispielsweise: „Es tut mir leid, bitte vergib mir." Der Reinigungs-Prozess startet sofort, einfach und effektiv!

Solange wir Mangel in unserem Außen wahrnehmen, dürfen wir aufräumen. An dieser Stelle lohnt es sich, aufzuzählen, wo, besser gesagt, woran es überall mangelt: an Gesundheit, an Vertrauen, an Partnerschaft, an Liebe, an Aufmerksamkeit, an Geduld, an Zuneigung, an Zufriedenheit, an Geld ... überall gibt es etwas aufzuräumen. Und es zahlt sich aus, denn jede einzelne Erinnerung, die befreit wird, ist ein Gewinn und ein Plus auf unserem Lebenskonto!

Die Sicht auf die einzelnen Identitäten mag abstrakt sein, doch sie ist Bestandteil von Ho'oponopono, der Philosophie von Liebe und Wertschätzung für jedes einzelne Molekül im Kosmos. Wir benutzen die Moleküle (Dinge) unseres Alltags meist ohne Wertschätzung, weil wir keine Beziehung zu ihnen haben. Genauer gesagt haben wir zu gar nichts eine Beziehung. Wie könnten wir? Wir haben ja auch keine zu uns selbst, weil wir unser SELBST, unsere eigene Identität, nicht kennen! Solange wir ohne Identität durchs Leben gehen, werden wir in unseren Dingen keine Identität erkennen, sie nicht schätzen und erst recht nicht würdigen. Was nützt es der Liebe, die in jeder Materie, wie in jedem Gegenstand, jeder Angelegenheit, jedem Detail und in jedem Molekül steckt, wenn sie nicht erkannt wird? Was ist die Identität *wert*, wenn sie nicht als wertvoll empfunden wird? Sie sollte jeden Moment beschützt werden wie das eigene Kind.

Darum geht es in Morrnah Nalamaku Simeonas Ho'oponopono® Self I-Dentity through Ho'oponopono® (SITH®)-Seminaren[ii]: um SELBST-Erkenntnis! Ein Verfahren, welches uns in unser Inneres führt und uns die Augen öffnet. Was wir dort finden, ist nicht in Worte zu fassen – die gibt es nicht, denn um etwas in Worte fassen zu können, müssten wir es erst erlebt und einer Vertrautheit zugeordnet haben. Das, was wir erkennen dürfen, ist überwältigend und bedarf keines einzigen Wortes. Es darf sein was es ist: reine Liebe. Ho'oponopono schenkt uns das Erkennen und Erleben dieser Liebe und das ist es, was uns REICH macht.

Jede Erinnerung, die eine Identität in Armut, Mangel, Krieg, Krankheit, Schmerz, Trauer, Einsamkeit oder was auch immer gefangen hält beziehungsweise sie daran hindert, frei zu sein, kann korrigiert werden, ohne Ausnahme. Jede!

Das Wesen des Geldes

DIE KORREKTUR

Alles kann korrigiert werden. Alle Daten, Muster, Glaubenssätze, Meinungen und Erlebnisse, die wir in diesem Leben über Geld gesammelt und abgespeichert haben, inklusive aller Daten, Muster, Glaubenssätze, Meinungen und Erlebnisse, die wir in **allen** unseren Leben über Geld gesammelt und abgespeichert haben! Unser Datenspeicher ist unermesslich groß, er ist übergroß, aber auch übervoll – voll von Viren. Er braucht dringend eine Datenbereinigung (engl.: data cleaning) und einen Virenschutz. Ho'oponopono ist das effektivste „Datenbereinigungsprogramm", das es auf dem universellen Markt gibt. Wir haben bereits etliche neue und vielversprechende Programme ausprobiert, doch unser Datenspeicher ist erstens immer noch sehr voll und lädt zweitens immer mehr „neues Wissen" oben drauf, ein perfekter Nährboden für immer neue Viren! Wir brauchen JEMANDEN, der aufräumt! Dieser Jemand sind wir, mit der Bereitschaft, alles zu korrigieren und den gesamten Datenspeicher (Unterbewusstsein; Kind-Aspekt) um Vergebung zu bitten.

Was möchten wir korrigieren? Zum Beispiel alle Erinnerungen an Mangel, die zwischen unserer Identität und der Identität des Geldes liegen. Das zu verstehen ist außerordentlich wichtig. Wir müssen nicht korrigiert werden, denn wir sind bereits perfekt. Die Geldprobleme im Außen haben nichts mit unserer Identität oder mit der Identität des Geldes zu tun. Unsere Identitäten sind rein und bereits reich. Das, was **zwischen** unseren Identitäten steht, ist nicht perfekt. Wir könnten eine Million Euro gewinnen und würden sie dennoch wieder verlieren, denn die Erinnerungen an Mangel werden durch einen Lottogewinn nicht etwa auf zauberhafte

Weise bereinigt. Nein, die Erinnerungen bleiben! Kein Betrag dieser Welt kann den Dreck zwischen uns und dem Geld abwaschen. Das können nur wir selbst, mithilfe der Vergebung. Die Gefühle des Glücks und der unbändigen Freude, die wir verspüren, wenn wir plötzlich zu viel Geld kommen, werden zwar sofort im Unterbewusstsein abgespeichert, doch müssen diese weit nach unten im bereits von Viren überlagerten Datenspeicher, um von ihren „vorinstallierten" Erinnerungen der Freude, Liebe, Glück, Wohlstand und Zufriedenheit angezogen zu werden – GdA! Wenn wir an unseren inneren Glanz wollen, müssen wir die Schichten, die sich auf dem Glanz gebildet haben, reinigen. Wir reinigen Schicht für Schicht, damit auch sie wieder glänzen.

So viel zur Theorie. Praktisch ist das für den einen oder anderen möglicherweise schwer vorstellbar, denn der Verstand möchte immer mitmischen. Er empfindet sich als Maßstab aller Dinge und ist der Meinung, er könne alles regeln, aber das ist er nicht. Trotzdem möchte er ganz genau wissen, was korrigiert werden soll, und vor allem: warum? Er will wissen, wie es funktionieren soll, wenn wir feststecken und so abgebrannt sind, dass wir unsere Rechnungen nicht mehr zahlen können. Dann geht es nämlich nicht um Glanz oder nicht Glanz, dann geht es ums Überleben!

Mit Ho'oponopono interpretieren wir das Problem, eine Rechnung nicht zahlen zu können, so: Nicht die Rechnung ist das Problem, sondern die **Erfahrung,** die wir machen, wenn wir unsere Rechnungen nicht zahlen können, ist das Problem. Es geht nicht um die Rechnung. Es geht um die Erfahrung! Die Erfahrung, die wir immer und immer wieder machen, solange wir die Verantwortung nicht übernehmen und um

Vergebung bitten:

> „Es tut mir leid. Welche Ursache auch
> immer zu dieser Erfahrung geführt hat,
> „bitte vergib mir."

Wir bitten solange um Vergebung, bis wir uns besser fühlen und uns die Rechnung nicht mehr bedroht.

Ich möchte das noch einmal wiederholen: Wenn wir kein Geld haben, dann hat es nichts mit Geld zu tun. Die Identität des Geldes ist absolut perfekt. Und es hat auch nichts mit uns zu tun, wir sind ebenso perfekt. Wir machen „lediglich" die **Erfahrung** von „kein Geld haben". Wir **erfahren** im Außen das, was im Inneren abgespeichert ist.

> „Es tut mir leid. Welche Ursache auch
> immer in mir abgespeichert ist und zu
> dieser Erfahrung geführt hat, bitte vergib
> mir."

Wir vergeben so lange, bis uns *„Kein Geld haben"* nicht mehr bedroht. Wir vergeben ohne Ahnung, wie und wann sich das Problem *„Kein Geld haben"* auflösen wird. Wir halten uns von Ahnungen und Erwartungen fern, denn diese sind ebenfalls Erinnerungen, die zur nächsten Korrektur führen. Wir vergeben und korrigieren **nicht,** um an Geld zu kommen. Wir vergeben und korrigieren, um die Balance wiederherzustellen, um *Zero*[1] zu werden und um zu**frieden** zu sein – in Frieden mit uns und unserem Außen.

---

[1] Zero ist der Zustand der absoluten Leere, der göttlichen Reinheit.

ZUFRIEDENHEIT

Zufriedenheit = Frieden

Es gibt Menschen, die rennen ihr Leben lang hinter dem Geld her, und weil sie es nicht bekommen, sind sie ihr Leben lang unzufrieden. Und es gibt Menschen, die leben ein Leben lang im Wohlstand und sind ebenso unzufrieden. Finde den Fehler!

Wie kann der Mensch zufrieden sein, wenn er kein Geld hat? Was passiert, wenn er sich seine Zufriedenheit nicht (mehr) kaufen kann? Dann ist er im besten Fall nur schlecht gelaunt. Im schlechtesten Fall wird er krank, weil Verzweiflung, Wut, Angst und Selbsthass sein Inneres auffressen und sich in Form von Krankheit *äußern*.

Ja, wie kann der Mensch zufrieden sein, wenn er kein Geld (mehr) hat? Gar nicht, denn er hat den Besitz von Geld zum Lebenssinn gemacht, so wird er erzogen: nach Geld zu streben, nicht nach Dankbarkeit und Liebe, die Zufriedenheit *äußern*.

Was nützt uns der schönste Platz auf der Welt, wenn uns noch immer etwas fehlt. Damit ist nicht der fehlende Partner, ein ungestillter Wunsch nach Kindern oder einem Hundebaby gemeint. Weder der Partner noch die Kinder oder ein süßes Haustierchen können uns das geben, nach dem wir uns so schmerzlich sehnen: Liebe! Jene Liebe, die uns (endlich) Zufriedenheit bringt und das Gefühl von „angekommen sein", auch wenn es nicht am schönsten Platz der Erde ist. Dieses Gefühl kann uns niemand geben, weil es niemand hat. Nur wir haben es. Wir sind es. Wir sind Liebe!

Wie tief auch immer die Gefühle der Zufriedenheit vergraben sein mögen, sie können in uns aufsteigen – mit jedem „Danke, ich liebe dich" ein Stückchen mehr. Das ist so.

Zufriedenheit beginnt da, wo wir nichts mehr brauchen. Solange noch etwas fehlt, sei es der Besitz von materiellen Dingen oder das Stillen eines Gefühls, sind wir ohne Frieden und zetteln wer weiß was alles an, nur um es zu bekommen.

Unzufriedenheit = Unfrieden

Über die Unzufriedenheit zur Zufriedenheit

Wann sind wir zufrieden? Wenn wir mit einem aufgeräumten Innern auf unser Außen blicken. Wann sind wir reich? Wenn wir zufrieden sind. Gehen wir einen Schritt zurück und stellen die Frage anders: Wann ist der Mensch arm?

Es gibt viele in Armut lebende Menschen, die zufrieden sind. Offene Herzen und offene Hände sind niemals arm, solange niemand kommt und sie auf ihre Armut aufmerksam macht, indem er ihnen Reichtum aufdrängt. Jemand, der ihre Offenheit missbraucht, während er ihnen erzählt, dass es falsch ist, arm zu sein. Jemand, der ihnen so lange von Geld und Macht erzählt, bis der „arme" zufriedene Mensch zu einem „armen" unzufriedenen Menschen geworden ist!

Wir wissen, dass es Armut und Unzufriedenheit nicht geben muss. Wir wissen, dass die Ressourcen ungerecht verteilt sind, und wir wissen auch, warum sie ungerecht verteilt sind. Wir ärgern uns darüber und fühlen uns machtlos. Weshalb können beziehungsweise wollen die Politiker die Armut nicht bekämpfen? Nun, es gibt keine Politiker im Außen, die unseren Planeten von Armut befreien könnten. Die Politiker sind WIR! Und wir kämpfen nicht – wir vergeben ... bis wir mit dem Thema Armut in Frieden sind.

Das ist keine Zukunftsvision eines Fiktion-Romans. Das ist unser Job! Solange wir nach Zufriedenheit (Wohlstand) streben, sind wir in den Erinnerungen der Unzufriedenheit (Armut) gefangen. Dennoch: Um zur Zufriedenheit zu gelangen, benötigen wir die alten Daten der Unzufriedenheit, damit wir sie bereinigen und unser Ziel erreichen können. Nein, es ist keine Zukunftsvision, denn eine Zukunft gibt es nicht. Es ist eine Herausforderung im Jetzt, die wir beispielsweise auch als *fiktionales Spiel* betrachten können.

Wir formen und erschaffen in jedem Moment (anhand unserer abgespeicherten Erinnerungen) unsere eigene *fiktionale Spielwelt*, indem wir alles, was uns zur Verfügung steht, nutzen und einsetzen: Wir haben eine perfekte Atmosphäre, genügend Ideen und jede Menge Charaktere. Auch die Bösewichte sind positioniert. Mit viel Geschick lenken wir uns durch die dreidimensionale Welt unseres fiktiven Universums und erreichen einen Level nach dem anderen (vgl. Ego-Shooter-Spiel). Um ans Ziel zu kommen, müssen wir alle erdenklichen Hindernisse überwinden. Mittels unserer vorprogrammierten Daten fordert und bietet unser Spiel alles, was ein gutes Spiel braucht: Spannung, Konflikt, Drama, Schicksal, Mut, Vertrauen, Geschick, Schnelligkeit und Ausdauer.

Als „First-Player" visualisieren wir unser Ziel, behalten es fest im Auge und manövrieren uns bis zum Sieg/Ziel. Die Wege und die Art, das Ziel zu erreichen, sind unterschiedlich. Wir können die Hindernisse bekämpfen, sie „abschießen" oder: ihnen vergeben.

> *Wir schießen unsere feindlichen Erinnerungen nicht ab,*
> *wir vergeben ihnen!*

Man sagt der Fiktion nach, dass ihr der Wahrheitsanspruch fehle und sie nicht mit der Realität übereinstimme. Das ist richtig, denn die Wahrheit liegt jenseits jeglichen Verständnisses. Das, was unsere Geschichte im Außen ausmacht, hat nichts mit der Wahrheit zu tun, sondern mit unserer megagroßen Computer-Datenbank!

Die erste und letzte Regel in unserem Spiel (des Lebens) lautet, der einzigen Verpflichtung nachzukommen, nämlich die Verantwortung für jede unserer Handlungen, physisch wie geistig, zu übernehmen. Jede Tat und jeder Gedanke ist seit Anbeginn der Schöpfung abgespeichert und spielt von Anfang bis Ende mit. Wir spielen dieses Spiel, ohne zu wissen, wie viele Taten und Gedanken wir bereits programmiert haben, aber wir sind mutig genug, sie JETZT zu befreien.

Es liegt ausschließlich an uns, wie wir das Spiel spielen und ob wir unser Ziel erreichen. Niemand richtet über uns, wenn wir das Spiel abbrechen. Jedes Urteil wäre unnötig, denn wir erhalten immer wieder eine neue Chance, in diesem oder im nächsten Leben ... oder im übernächsten Leben.

Das Ziel (Zufriedenheit) läuft nicht vor uns davon. Es ist immer da und nur **einen** Spielzug von uns entfernt.

„Wir erzeugen die Welt, in der wir leben, buchstäblich dadurch, dass wir sie leben."
Humberto Maturana & Francisco Valera [iii]

Während des Schreibens dieser Zeilen stoße ich auf den amerikanischen US-Thriller „Der große Crash – Margin Call", der in der Welt des ganz großen Geldes ein interessantes Szenario mit einer bedeutenden Botschaft skizziert.

Da ist dieser Angestellte aus der Wertpapierhandelsabteilung einer großen New Yorker Bank, der kurz vor Ausbruch der Finanzkrise von 2008 herausfindet, dass das Risikopotenzial bestimmter Wertpapierbestände seit einiger Zeit falsch bewertet wurde. Bereits die geringste Abweichung der prognostizierten Marktbewegungen könnte die Bank in die Insolvenz führen. Es wird umgehend das Executive Comitee informiert und zur nächtlichen Krisensitzung gerufen. Um die Bank zu retten, wird beschlossen, dass alle „faulen Papiere" sofort am nächsten Morgen verkauft werden, egal zu welchem Preis. Damit die Beteiligten dieser Aktion nicht über ihr schlechtes Gewissen den zu Schaden kommenden Käufern gegenüber stolpern, werden ihnen Boni in Millionenhöhe versprochen. Am nächsten Morgen werden dann auch den Händlern Boni in Millionenhöhe für den Verkauf von 93% der ihnen zugeteilten Werte angeboten. Des Weiteren bekommt jeder Angestellte der Abteilung 1,3 Millionen Dollar in Aussicht gestellt, wenn er ebenfalls 93% aller Papiere veräußere. Damit der Markt nicht misstrauisch werden kann, muss alles in wenigen Stunden über die Bühne gehen. Alle Händler machen mit. Das Ziel wird erreicht.

Am Ende des Films rechtfertigt der Vorstandsvorsitzende (gespielt von Jeremy Irons) sein Tun gegenüber seinem Abteilungsleiter (gespielt von Kevin Spacey), der wegen des Betrugs und dem auf Jahre zerstörten Vertrauen der Bank schwer mit seiner Verantwortung und dem moralischen Aspekt zu kämpfen hat: „... Ist doch bloß Geld! Imaginär, mehr nicht! Bloß Papier mit Gesichtern drauf, damit wir uns bei der Suche nach Nahrung nicht umbringen. Daran ist nichts Schlechtes. 1637, 1797, 1819, 1837, 1857, 1884, 1901, 1907, 1929, 1937, 1974, 1987, 1992, 1997, 2000 ... alles wiederholt sich immer und immer wieder. Der Mensch kann nicht die Finger davon lassen. Wir beide, wir können es weder kontrollieren noch aufhalten, verlangsamen oder durch nur eine Winzigkeit etwas daran ändern. Wir reagieren nur und verdienen dabei eine Menge Geld. Machen wir aber einen Fehler, landen wir in der Gosse. Es hat schon immer Verlierer und Gewinner gegeben, daran wird sich nichts ändern. Arme Leute, reiche Leute, glückliche Menschen, traurige Menschen. Schön, es gibt vielleicht mehr arme Schlucker als je zuvor, aber das Verhältnis, das bleibt immer dasselbe."

Was für eine Botschaft! Das Verhältnis bleibt immer dasselbe, auch wenn es noch mehr arme Schlucker gibt? Vor allem ist es eine Botschaft, die uns glasklar vor Augen hält, was für ein System wir erschaffen haben! Eines, das uns das Unergründliche vergessen ließ und zu einem Geheimnis der Unerreichbarkeit geworden ist – eines, das uns nicht mehr wärmt und nicht mehr nährt.

Aber für uns hat die Botschaft noch eine andere wichtige Bedeutung. „Margin Call" bedeutet Wertausgleich beziehungsweise alles gleicht sich aus. Wird von der einen Seite etwas genommen, gleicht die andere Seite es aus. Bei den armen Schluckern gleicht sich die Seite mit Mangel aus, während die reichen Schlucker die Fülle zelebrieren. Je mehr Fülle sie sich zu eigen machen, desto mehr Mangel wird für den Ausgleich gebraucht. Warum ist das so? Weil die Identität der Fülle genauso viel *wert* ist wie die Identität des Mangels! Jede Identität ist perfekt und vollkommen. Sie können nicht getrennt werden. Sie gleichen sich gegenseitig aus.

Das ist eine Tatsache, sie ist weder gut noch schlecht. Sie ist, wie sie ist. Wir haben jedoch ein Problem mit ihr, denn wir können nicht von ihr abbeißen. Wir müssen uns ernähren und stehen wahrlich kurz davor, uns bei der Nahrungssuche gegenseitig umzubringen. Die meisten haben sie nämlich nicht, die Scheinchen mit den Gesichtern drauf – imaginär oder real, es macht keinen Unterschied, denn: Wir brauchen sie! Und je mehr wir sie brauchen und uns mit ihnen beschäftigen, desto mehr fehlen sie uns (GdA).

Und wieder stellt sich die Frage nach der Verantwortung des ganzen Dilemmas. Nach der Verantwortung die Ressourcen gerecht zu verteilen, denn wir wissen, dass es keinen Mangel geben muss und dass für jeden ausreichend vorhanden ist. Wir empfinden die Situation mehr als ungerecht, fühlen uns übergangen und ausgebeutet, sind wütend und einmal mehr: total machtlos.

Selbstverständlich können wir es kontrollieren, aufhalten und verlangsamen, denn es gibt doch eine Winzigkeit, etwas daran zu ändern, und diese Winzigkeit lautet ganz simpel: „Es tut mir leid." Wir besitzen alle Macht der Welt, etwas zu ändern. Niemand außer uns hat diese Macht. Sie sitzt **in uns**. Sie hilft uns, auf dem Weg zu bleiben, dem Weg der Vergebung, unsere Reiseroute. Mit dem simplen „es tut mir leid" nutzen wir die Chance, alle karmischen Verstrickungen, die eine Finanzkrise nach der anderen erschaffen hat, in neue Informationen zu wandeln – Informationen, die die Balance wiederherstellen.

Tun wir das nicht, wiederholen sich weiterhin alle alten Erinnerungen eines jeden Firmengründers, **mitsamt** allen Firmengründern, die ebenfalls involviert sind. Dann bleibt das Sammelsurium an sich ständig wiederholenden Erinnerungen erhalten und schreibt weitere Jahreszahlen in der Finanzkrisen-„Wall of Pain".

Der Film „Margin Call" zeigt uns einmal mehr, wer und was wir **nicht** sind. Das, was wir wirklich sind, haben wir vergessen. Aber so muss es nicht bleiben. Wir haben es in der Hand.

Wir sind die Summe all dessen, was wir jemals gedacht oder getan haben. Wenn wir das akzeptieren, können wir beginnen, alles, was falsch lief, auszubalancieren.

HAND IN HAND MIT DEM GELD

GELD LEBT!

Wenn wir die Balance zwischen uns und dem Geld wiederfinden möchten, dürfen wir beginnen, die Identität des Geldes um Vergebung zu bitten. Um Vergebung für alles, was wir bewusst oder aus Unkenntnis „falsch" gemacht haben. Das Geld wird uns dafür lieben. Es wird uns an die Hand nehmen und uns zurückführen, zurück in unser Inneres. Es wird mit uns sprechen und wir sollten gut zuhören …

„Zieht mir all die Mäntel aus und lasst mich in Reinheit stehen: die mythischen und philosophischen, die pädagogischen und soziologischen, die psychologischen und theologischen, die theoretischen und physikalischen, die mathematischen, wissenschaftlichen und geschichtlichen. Ich brauche diese Mäntel nicht. Sie hängen an mir als Last. Ich habe eine eigene Identität. Ich möchte frei sein!

Ich mache euch nicht glücklich, sagt ihr. Und deshalb schmeißt ihr mich zum Fenster hinaus, werft mich auf die Straße und behauptet, ich stinke! Ihr teilt mich in Raten und lasst mich gegen eine nicht vorhandene Zeit antreten. Ihr packt mich in Zahlencodes und missbraucht mich für eure Befriedigung. Ihr macht mich für euer Wohlergehen verantwortlich.

Ihr wollt mich besitzen und sagt mir, wohin ich gehen soll. Ihr habt aus mir ein Mittel zum Zweck gemacht – ein Zahlungsmittel! Ihr herrscht über mich! Bitte befreit mich von euch und von diesem Druck. Hört auf, mit mir zu spielen! Hört auf, mit mir zu dealen!

Ich sage euch, ihr könnt mich niemals besitzen! Lasst mich frei, denn ich weiß bereits, wohin ich gehen möchte. Schenkt mir die Freiheit und ich schenke euch alles, was ich bin. Lasst mich frei, damit wir Freunde werden und Hand in Hand zur Fülle gehen können. Fragt ihr euren Freund nicht stets, wie es ihm gehe? So seid ihm immer nah und immer für ihn da.

Ich mache euch nicht glücklich, weil ich es nicht kann. Das könnt ihr nur selbst. Seht auf euren Kontostand und ihr wisst, wie ihr euch mir und euch selbst gegenüber verhaltet.

Ich bin geduldig und ich warte auf euch, aber ich leide. Ich möchte mit euch kommunizieren, doch ihr hört mich nicht, ihr sprecht eure eigene Sprache.

Lasst mir meine Freiheit! Ich existiere! So sehr ihr euch bemüht und danach strebt, ihr könnt mich niemals besitzen. Niemals, und zur gleichen Zeit habt ihr Angst, mich zu verlieren. Ihr müsst wissen: Ihr könnt mich auch niemals verlieren und niemals habt ihr mich verloren. Nichts kann je verloren gehen. Nichts kann je aufhören zu existieren. Ich bin überall, unaufhörlich und endlos verfügbar! Ich bin wahrlich reich, doch ihr seht mich nicht. Ihr seid geblendet von euren Wünschen und Erwartungen, die euch zu Leid und Verzweiflung führen. So lasst mich los, damit ich zu euch kommen und mich bei euch wohlfühlen kann."

Das Wesen des Geldes

Geld ist ein Mysterium. Seine Sprache ist grenzenlos. Wenn wir anfangen, die *Stimme des Geldes* wahrzunehmen, werden wir überwältigt sein! Wir werden erkennen, wie sehr wir uns mühten und kämpften, damit es gnädig zu uns kommen möge. Und wir werden erkennen, dass Angst und Hass nichts als Erinnerungen waren.

Wir kennen alle das Gefühl, unter Druck gesetzt zu werden und funktionieren zu müssen. Befreien wir uns von diesem Druck und befreien wir das Geld von diesem Druck. Das Geld und wir sind eine Einheit. Wenn wir beginnen, die leidvollen Gefühle der Identität des Geldes wahrzunehmen, können wir die Balance wiederherstellen. Wir werden feststellen, dass das Geld so frei sein will, wie wir es sein wollen – frei im einzigen Moment, den wir haben.

Was uns heute vom Gefühl der Einheit trennt, kann heute korrigiert werden. Die Distanz zwischen uns und dem Geld existiert nicht, sie ist illusorisch und steckt in unserem Verstand aufgrund einer Programmierung im Unterbewusstsein. Wir korrigieren und programmieren um, übernehmen Verantwortung und bitten um Vergebung:

> „Liebes Geld, bitte vergib mir für alles, was in mir ist, das dich erdrückt und dich deiner Freiheit beraubt. Es tut mir leid. Ich liebe dich und übernehme die volle Verantwortung für alle (Sabotage)Programme, die unsere Freundschaft behindern. Danke, dass du mir die Möglichkeit gibst, die Balance wiederherzustellen."

Wenn unser Verstand Schwierigkeiten hat, die Korrektur zuzulassen, oder gar über unser Verhalten urteilt, dann deshalb, weil er nicht übergangen werden möchte – weil er auch geliebt werden möchte. Und es besteht kein Grund, diesen Teil unseres SELBST nicht zu lieben! Nur wenn alle Teile (Mutter-Aspekt, Vater-Aspekt, Kind-Aspekt) ausbalanciert sind und in Harmonie miteinander kommunizieren, spüren wir Freiheit und Frieden.

Der dänische Wissenschaftsjournalist Tor Nørredranders[iv] führt alle Probleme des menschlichen Verhaltens auf eine falsche „Makro-Programmierung" des Unbewussten und auf eine mangelhafte Kommunikation zwischen Bewusstsein und Unterbewusstsein zurück. Ist ein Mensch unpünktlich, müsse er sein Nichtbewusstes dazu bringen, pünktlich zu sein, und nicht sein Bewusstsein, da dieses nur ein ärmliches Vetorecht habe, betont er. Nørredranders hat erkannt, dass viele Probleme deshalb auftreten, weil wir Menschen unser Unterbewusstes nicht akzeptieren, keine Beziehung zu ihm haben oder im Glauben leben, wir (unser Ich/unser Bewusstsein) könnten das SELBST sein und alles kontrollieren. Doch das sind wir nicht. Unser Ich ist ein Teil unseres SELBST. Ein ganz wichtiger Teil, doch nicht wichtiger als die anderen Teile. Menschen, die nicht im Sinne der Gesellschaft funktionieren oder krank sind, haben laut Nørredranders den Kontakt zum SELBST verloren. Sie haben ihre Identität verloren. Er schreibt, dass Angst, Entfremdung und andere Schwierigkeiten sich einstellen, wenn wir keinen Kontakt zu unserem eigenen SELBST haben.

Hier treffen Wissenschaft und Ho'oponopono aufeinander und spiegeln sich! Von allergrößter Bedeutung ist es, die innere Familie in Einklang zu bringen. Der Mutter-Aspekt (Bewusstsein) übernimmt Verantwortung und leitet alle Prozesse zur Wiederherstellung des inneren Friedens ein. Der Vater-Aspekt (Überbewusstsein) überwacht die Prozesse, damit der Kind-Aspekt (Unterbewusstsein) von allen hindernden *Schmutzpartikeln* befreit wird ... wie innen so außen.

Über unsere Beziehung zum Geld, unsere finanzielle Situation, unsere Firmen und durch jegliche „Geld-Aktion" erhalten wir fortwährend die Chance, zu vergeben (korrigieren). Wenn wir das tun, bereitet sich das Geld vor, den Weg einzuschlagen, den es schon lange gehen will: frei von Blockaden dort hin, wo es als liebevoller Freund das Beste für uns **erfüllen** kann. Als Freund, der aufgrund seiner Perfektion und Fülle längst weiß, was das Beste für uns ist.

Ja, wenn wir anfangen, die Balance zwischen uns und dem Geld wiederherzustellen, werden wir uns der vielen Chancen erst bewusst, die wir schon immer hatten. Und jeden Moment gibt es eine neue. Wir sollten den Dialog gut pflegen und um Vergebung bitten. Es ist der Schlüssel zur Inspiration, die uns neue Ideen schöpfen und umsetzen lässt und uns Dinge entwerfen und produzieren lässt, die überwältigend sind, ganz einfach deshalb, weil der Weg dafür frei geworden ist.

Wir können vom Geld viel lernen, es ist vollkommen und weiß wie es die Quelle zum Sprudeln bringt. In der Tat hat diese nie aufgehört zu sprudeln. Wenn wir in Balance mit unserer inneren Familie sind und in Verbindung zum göttlichen Schöpfer (reines Bewusstsein) stehen, kann alles fließen.

Das Wesen des Geldes

DIE GÖTTLICHE KRAFT IN MÜNZEN UND SCHEINEN

Was für eine Kraft ein Geldschein hat, messen wir an der Zahl, die auf ihm abgebildet ist. Wir legen den Wert eines grünen oder violetten Scheins fest. Auch das Geldstück darf sich nur nach unserer Bewertung wertvoll fühlen. Das arme, kleine 1Cent-Stück geht dabei ganz unter. Und doch fühlt es sich so stark und wertvoll, wie der 2Euro-Taler sich *wertet*. Der Identität des Geldes ist das einerlei, sie weiß, dass sie auf jedem Schein und auf jedem Geldstück gleich wertvoll ist. Das 1Cent-Stück hat den gleichen Wert wie ein 500-Euro-Schein. Die göttliche Kraft liegt in jeder Münze, jedem Geldschein, jeder Währung, jeder Aktie, wie auch in jedem Gegenstand, jeder Zelle und in jedem Staubpartikel. Und diese Kraft kann nicht eingeteilt werden. Sie ist immer gleich viel *wert*.

Wieder steht uns unser Verstand im Weg, indem er der Meinung ist, seine Einzigartigkeit könne alles einteilen. Doch seine Einzigartigkeit blockiert uns, weil sie uns von der Großartigkeit nur träumen lässt. Wir träumen mit großartigen Erwartungen großartige Wünsche davon, eines Tages viel Geld zu haben, Besitz anzuhäufen und glücklich zu sein. Und diesen einen Tag erreichen wir mit harter Arbeit. Unser Verstand sagt uns, dass wir genau deshalb hier sind: um Geld zu verdienen, koste es, was es wolle – sogar die eigene Gesundheit!

Doch deswegen sind wir **nicht** hier. Wir sind nicht hier, um unseren Träumen hinterherzujagen. Wir sind hier, um unser SELBST in Balance zu bringen. Wir sind hier, um aufzuräumen. Sollten wir vor einer wichtigen Entscheidung stehen, müssen wir unbedingt aufräumen. Denn tun wir das nicht, treffen wir eine Entscheidung, die uns wieder an den

Punkt dieser Entscheidung bringt, denn die Daten, die dahinter stehen wurden ja nicht aufgeräumt.

Wenn es Probleme gibt, sind es unsere Probleme. Wenn wir das registrieren und fühlen, erkennen wir, dass wir immer anwesend sind, wenn das Problem auftaucht. Wir sind das Problem und immer unterwegs ... Wenn unser Geld nicht fließen will, dann liegt das daran, dass wir (unsere ängstlichen und unwürdigen Gedanken) ihm den Weg versperren. Wie erwähnt, weiß es bereits, wo es hinfließen möchte. Es hat seinen eigenen Platz und wartet nur darauf, dass wir den Gedankenmüll beseitigen. Es wird solange an uns vorbeifließen, solange wir nicht aufgeräumt haben.

Mit Ho'oponopono bitten wir um Unterstützung, den Müll aufzuräumen. Wir sprechen diese Bitte aus und sie wird immer gehört. Wie das Aufräumen vonstattengeht, liegt nicht mehr in unserem Ermessen. Wir können Ho'oponopono nicht dazu verwenden, unsere Schulden zu zahlen oder mehr Profit zu machen. Wir können lediglich die Bitte aussprechen, die veranlasst, die Dinge wieder in Ordnung zu bringen. Es geht nicht um Profit, es geht ums Korrigieren und Wieder-in-Ordnung-Bringen. Wir wissen nicht, warum die Dinge passieren. Wir haben keine Ahnung, denn unser Verstand hat die Kapazität nicht, es zu wissen. Wir müssen es auch nicht wissen. Das Wissen blockiert uns und schmeichelt wieder nur unserem Verstand, der seine illusorische Einzigartigkeit zelebriert, indem er der Meinung ist, nun noch schlauer zu sein.

In den einzigartigen Seminaren „Selbst-Identität durch Ho'oponopono®" und „Selbst-Identität durch Ho'oponopono® Business" nach Morrnah Nalamaku Simeona lernen wir Schritt für Schritt, wie wir uns von allen belastenden Gedanken befreien und erhalten viele Reinigungs-Tools, die wir in jeder Situation verwenden können. Reinigungs-Tools sind sehr effektiv und helfen, den Verstand zu zerstreuen.

Ho'oponopono ist ein Geschenk an uns Menschen. Es ist das einzige Geschenk in der Geschichte des Menschen, das es ihm ermöglicht, seine Vergangenheit zu heilen. Wir dürfen es annehmen, um alle Fehler zu korrigieren. Ho'oponopono zeigt uns den Weg und gibt uns die Kraft.

Wir sind ein dreiteiliges Wesen in der Einheit des großen Ganzen. Jeder Teil von uns ist einzigartig. Wir sind weder von unseren Teilen noch vom großen Ganzen getrennt. Wir sind eins – eins mit allem, was existiert. Und alles, was existiert, hat die gleichen Teile wie wir. Wir können nicht anders als ALLES sein. Nirgendwo gibt es einen Platz, an dem wir von irgendjemandem getrennt wären, denn im großen Ganzen begegnen wir uns immer selbst. Egal, was wir tun, denken oder fühlen, es betrifft immer das große Ganze.

Sind wir auf unserer Reise angekommen, gibt es niemanden mehr, der etwas von uns verlangt. Vor niemandem müssen wir Rechenschaft abliefern. Wir müssen uns keinen Zentimeter mehr irgendwohin bewegen, um etwas zu erreichen. Niemand urteilt mehr über das, was wir tun oder nicht tun. Niemals mehr fühlen wir uns alleine. Alle Hilfe, die wir benötigen, um im Zustand der Zufriedenheit zu bleiben, ist immer nur eine Vergebung entfernt. So wird jedes weitere Problem von einer

Welle der Dankbarkeit und Liebe aufgefangen, weil jedes Problem gelöst wird und dabei JEDEN befreit, nicht nur uns, sondern alle und alles, mit dem wir verbunden sind. Die Freude darüber ist grenzenlos.

Das Wesen des Geldes

Gutschein

Im Kauf dieses Buches inkludiert ist dieser Gutschein im Wert von 5 Euro für eine Teilnahme an einem Ho'oponopono Workshop oder für eine Beratung.

Ort und Termin für die monatlichen Workshops werden via Newsletter bekannt gegeben.

Sind Sie am Einlösen dieses Gutscheins interessiert, tragen Sie sich bitte bei www.irene-schwonek.de in den Newsletter ein.

ISBN: 9783000452925

ISBN: 9783000452918

Irene Schwonek, alias I.M. Henry

ISBN: 9783000262852

[i] Benjamin Libet: „Mind Time: Wie das Gehirn Bewusstsein produziert"; Taschenbuch, Verlag Suhrkamp.

[ii] SITH® Self I-Dentity through Ho'oponopono® Seminare: www.self-i-dentity-through-hooponopono.com

[iii] Humberto R. Marturana & Francisco J. Varela: „Der Baum der Erkenntnis", Taschenbuch, Verlag Goldmann.

[iv] Tor NØrredranders: „Spüre die Welt. Die Wissenschaft des Bewusstseins", Taschenbuch, Verlag Rororo.

www.ingramcontent.com/pod-product-compliance
Lightning Source LLC
Chambersburg PA
CBHW071415040426
42444CB00009B/2252